RUNE

Guida per principianti alla divinazione e alla lettura delle rune

Taylor Turner

CONTENTS

INTRODUZIONE

Le rune hanno una ricca storia di misticismo che si intreccia e non può essere separata dalle loro origini nella mitologia norrena. Persino gli dèi non compresero il significato dei simboli quando li usarono per la prima volta e si impegnarono a fondo per apprendere i misteri che queste forme racchiudevano.

Questi simboli hanno un significato più ampio di una semplice forma che rappresenta un suono nella scrittura e possono avere una forte magia quando vengono utilizzati per il lancio di incantesimi e la divinazione. Nei prossimi capitoli esploreremo i significati più profondi delle rune. Scoprirete presto come sono collegate alle divinità norrene e quali sono le loro maggiori associazioni con la natura.

Imparerete anche a realizzare un set di rune da lancio e scoprirete diversi modi di usarle per creare amuleti, incantesimi di protezione e divinazione. Sia che usiate le rune nei rituali cerimoniali come parte di una pratica religiosa pagana norrena, sia che siate studenti di storia che vogliono conoscere l'impatto culturale delle tribù germaniche o che vi stiate semplicemente concentrando sugli aspetti magici e divinatori, questa guida vi spiegherà tutto ciò che dovete sapere. Immergiamoci!

CAPITOLO 1: COSA SONO LE RUNE?

Le rune sono un alfabeto tribale germanico pre-cristiano e una simbologia pagana norrena. Le rune venivano utilizzate sia per la comunicazione scritta (anche se limitata), sia per il lancio di incantesimi.

Il termine "runa" ha molteplici significati:

La **runa** identifica il tipo specifico di alfabeto scritto che le forme creano. Così come il cirillico e il latino identificano i tipi di forme di lettere contenute nei rispettivi alfabeti.

Runa significa un simbolo con una connotazione misteriosa o magica.

Il termine **runa** si riferisce a piccoli pezzi inscritti o segnati con tali simboli.

La parola stessa si è evoluta dal norreno antico *run*. La variante, runa, utilizzata nell'inglese moderno non è cambiata molto rispetto alla forma antica. Le vecchie forme tedesche, danesi, celtiche e persino gallesi della parola sono tutte molto simili a *run* o *rune*. E tutte hanno avuto significati simili di segni segreti, misteriosi e magici.

L'aspetto sfaccettato del termine riflette semplicemente il significato multilivello di ciascun simbolo. A un certo livello, i simboli sono semplicemente forme utilizzate per trasmettere un pezzo di linguaggio, una rappresentazione visiva del suono. A un altro livello, ogni simbolo ha una relazione con una specifica divinità del pantheon norreno e con la natura. A un altro livello ancora, ogni simbolo racchiude un'intenzione magica più profonda.

Influenzare il destino

Le rune sono sempre state legate al destino e viste come un modo per reindirizzare o influenzare il destino.

Nella mitologia norrena, l'Albero del Mondo, Yggdrasil, era curato da tre gigantesse fanciulle chiamate Norne. Erano Urd, Verdandi e Skuld, nomi che significano *"destino", "diventare"* e *"futuro".* Le Norne vivevano sulle rive del Pozzo di Wyrd, o destino, e sono simili ai destini di altre mitologie in quanto erano tre, sono spesso rappresentate come ognuna di età diversa: giovani, adulte e anziane; e tessevano fili che influenzavano il futuro di una persona.

Erano molto rispettate e legate alla gravidanza e alla nascita. Le Norne erano presenti a ogni nascita, dove determinavano il destino del bambino e ne misuravano il filo della vita. Come rituale per onorare le Norne, per il primo pasto dopo il parto le donne si facevano preparare un porridge speciale.

Ogni mattina le Norne raccoglievano terra e argilla umida dai bordi del pozzo e ricoprivano le radici e la corteccia dell'Yggdrasil per guarire l'albero da eventuali danni e per evitare che iniziasse a marcire. Inoltre, incidevano simboli nell'argilla e nella corteccia dell'albero come segni di protezione e salute e per dirigere il destino dell'albero e di tutti gli esseri che vivevano nei Nove Regni. Questi simboli erano le rune.

Le rune erano un linguaggio scolpito, in cui i messaggi venivano incisi sulle superfici anziché essere scritti con l'inchiostro sulla pergamena. Le forme spigolose delle forme riflettono questa natura scolpita, con linee che ricordano la punta di uno scalpello. Le rune venivano incise su legno, pietra, metallo e ossa. Se esistevano forme di rune scritte in antico norreno (inchiostro su pergamena o altra superficie) non sono sopravvissute o non sono ancora state scoperte. I primi esempi storici di rune scritte su pergamena risalgono al IX secolo, e non più fino al XIII secolo, quando ci fu un interesse a documentare la poesia dell'epoca vichinga.

La nostra conoscenza del significato delle singole rune deriva dai poemi runici scritti in epoca medievale. In questo periodo è stata documentata anche l'*Edda poetica*, un'ampia fonte di mitologia norrena e vichinga proveniente dall'Islanda. È importante notare che questi poemi hanno probabilmente avuto origine da una lunga tradizione orale e che non si conosce l'età e l'epoca di origine. Anche lo scopo esatto di queste poesie è sconosciuto, ma molto probabilmente si trattava di dispositivi mnemonici per l'apprendimento dei Futhark.

La visione del mondo germanica prevedeva che pronunciare un pensiero lo rendesse parte della realtà. Si poteva influenzare l'esito degli eventi pronunciando intenzioni e risultati desiderati. In sostanza, le parole creavano la realtà.

La scrittura fissa un pensiero o (il concetto di) un suono in un luogo in modo che altri possano assistervi pur non essendo nello stesso luogo o nello stesso momento della persona che parla. Se le parole creano la realtà e la scrittura la fissa, la scrittura è intrinsecamente magica. Quindi, per loro natura, le rune sono intrinsecamente magiche.

Futhark

Le rune appartengono a insiemi chiamati Futhark. Così come il termine alfabeto deriva dalle prime due lettere dell'alfabeto greco - *alfa* e *beta* - il termine Futhark nasce dalle prime sei lettere runiche - *feoh*, *ur*, *thorn*, *ansur*, *rad* e *ken*.

L'Elder Futhark è stato utilizzato con poche variazioni di forma per circa 300 anni. L'Elder Futhark contiene ventiquattro forme di rune (che verranno analizzate in dettaglio più avanti). (Il Futhark anglosassone apparve nelle isole britanniche ed è probabile che sia arrivato dalla Frisia. Il Futhark anglosassone aggiunse delle forme. Oltre alle ventiquattro rune originali, nel corso del tempo ne furono aggiunte altre nove, per un Futhark di trentatré simboli.

Il Futhark Giovane, sviluppatosi nei Paesi scandinavi, era popolare durante l'epoca vichinga (800-1200 a.C.) e presenta un minor numero di forme di rune. Con solo sedici simboli, ma con un maggior numero di varianti per simbolo, molte delle singole rune rappresentano più di un suono. L'epoca vichinga portò con sé un commercio diffuso e una maggiore alfabetizzazione. Il Futhark Giovane, utilizzato in questo periodo in Svezia, Norvegia, Danimarca e Islanda, divenne noto come l'alfabeto dei Normanni.

La traduzione delle incisioni runiche può rivelarsi complicata in quanto non sembrano esistere regole di composizione prestabilite. Le rune potevano essere scritte da sinistra a destra o da destra a sinistra, a volte anche nella stessa incisione! Le rune sono state scritte anche in forma speculare, ma mai capovolte. Le rune non hanno forme maiuscole e minuscole che aiutino a distinguere l'inizio delle parole o delle frasi, e non esistevano convenzioni sugli spazi tra le parole o le frasi. A volte le rune venivano anche combinate per formare legature. Alcuni intagliatori inserivano un punto o addirittura una serie di punti sovrapposti tra le parole, ma questa pratica non era uniforme in tutte le regioni che utilizzavano le rune.

CAPITOLO 2: LA STORIA DELLE RUNE

Odino scopre il significato delle rune

A Odino, l'Onnipotente, si attribuisce il merito di aver scoperto i segreti delle rune e di averne portato la conoscenza all'umanità. Nella mitologia norrena, le rune sono sempre esistite ma non sono state comprese dagli dei. I loro significati erano misteriosi e noti per i loro poteri magici.

Il *Rúnatal*, un brano del poema antico norreno *Hávamál* (tredicesimo secolo d.C., molto probabilmente proveniente da una tradizione orale precedente all'epoca vichinga), è la storia di come Odino apprese i segreti delle rune.

Il pantheon norreno comprende due tribù di dei, gli Aesir e i Vanir. Odino era il sovrano degli dei Aesir ed era considerato uno degli dei principali del pantheon norreno. Era un dio della guerra, della poesia e della morte. Prediligeva coloro che dimostravano intelligenza, creatività e competenza ed era la divinità protettrice sia dei fuorilegge che dei sovrani. Non si interessava alla giustizia o alle convenzioni, preferendo la magia e l'astuzia. Come dio della guerra, non era interessato allo scopo glorioso di una battaglia, ma al caos del combattimento. I berserker - guerrieri che durante la battaglia entravano in uno stato di follia e rabbia animalesca - erano considerati uomini di Odino.

Odino era noto per le sue lunghe assenze da Asgard per ricerche di interesse personale. Era ossessionato dall'acquisizione di conoscenza, saggezza e potere magico.

Gli dèi di Asgard si riunivano in consiglio attorno al Pozzo di Wyrd, alla base di Yggdrasil. Mimir - non un dio, forse un gigante o un essere del tempo - era un consigliere degli dei e viveva nel Pozzo di Wyrd. Si diceva che l'acqua del pozzo contenesse conoscenze cosmiche che sarebbero state impartite a chiunque ne avesse bevuto. Odino si cavò e sacrificò il proprio occhio in cambio dell'opportunità di bere dal pozzo di Mimir, dimostrando quanto fosse ossessionato dall'acquisizione della conoscenza.

Come divinità, Odino è pieno di contraddizioni. È seguito da chi cerca dignità e nobiltà, ma era egoista e doppiogiochista. È giusto che sia chiamato l'Onnipotente: non solo era il padre di tutti gli dei, ma era considerato la forza divina della vita stessa.

Al centro dell'universo norreno si trova l'Albero del Mondo, Yggdrasil. L'*Edda poetica* identifica Yggdrasil come un possente frassino, più alto delle nuvole, innevato come le montagne e con venti impetuosi che sferzano i suoi alti rami. Tra i suoi rami e le sue radici si trovano i Nove Regni degli dei, degli uomini e di altri esseri. Asgard, la casa degli dèi Aesir, si trovava in alto tra i rami. Le radici di Yggdrasil attraversavano Midgard, il regno degli uomini, Jotunheim, il regno dei giganti, e le profondità del mondo sotterraneo.

Le sue radici e i suoi rami ospitavano bestie ed esseri magici. Nidhogg, un drago, viveva tra le radici insieme a diversi serpenti. Ratatosk, uno scoiattolo, correva su e giù per il tronco e tra i rami. Quattro cervi, Dainn, Dvalinn, Duneyrr e Durathror, vivevano tra i rami. Un'aquila sorvolava l'albero e si posava sui rami più alti. Anche una capra, chiamata Heidrun, viveva tra loro. Tutte queste creature si nutrivano delle foglie e della corteccia di Yggdrasil.

Le Norne, tre fanciulle che vivevano tra le radici e intorno al Pozzo del Wyrd, si prendevano cura di Yggdrasil. Rivestivano la corteccia di argilla e iscrivevano simboli per proteggere e mantenere l'albero sano e forte, preservando l'albero al centro del loro universo. Questi segni hanno anche plasmato i destini di coloro che vivevano nei Nove Regni.

Quando Odino vide i segni fatti dalle Norne su Yggdrasil, volle conoscerne il significato. I segni fatti dalle Norne erano le rune. Il significato delle rune sarebbe stato rivelato solo a chi ne fosse stato degno. Odino decise che doveva conoscere i misteriosi significati di questi simboli ed era persino disposto a morire per questa informazione. Aveva già dimostrato di essere disposto a sacrificare molto nella sua ricerca della saggezza, avendo già donato un occhio.

Si sacrificò all'albero appendendosi ai rami e trapassandosi con la lancia. Vietò l'aiuto di altri dei e non prese acqua. Per nove giorni rimase appeso e fissò le profondità del pozzo. Verso la fine del suo calvario, sul punto di morire, gli furono rivelate le forme e i significati più profondi delle rune.

Si dice che con la conoscenza delle rune Odino fosse in grado di usare la loro magia per creare poesia, curare i feriti e i malati, rendere inutili le armi dei nemici, sedurre un'amante, proteggere e molte altre azioni potenti.

Origini storiche

Oggi esistono molte teorie sulle origini dello sviluppo e della comparsa della forma scritta runica. Alcune collocano le origini delle rune molto indietro nel tempo e implicano un collegamento con antiche civiltà. Le teorie più accreditate ruotano attorno alla fusione dei primi simboli germanici con forme italiche antiche provenienti dalle civiltà mediterranee.

Le rune hanno sempre avuto una profonda associazione con il dio norreno Odino. Questo legame potrebbe derivare dal fatto che Odino era la divinità protettrice dei guerrieri tribali germanici. Questi gruppi militari avrebbero incontrato gruppi provenienti dai Paesi del Mediterraneo meridionale. Pertanto, questi guerrieri tribali sarebbero stati i primi europei del Nord a incontrare gli stili di scrittura greci e italici antichi.

Le scritture dell'antichità potrebbero aver facilmente influenzato lo sviluppo delle rune, soprattutto perché hanno forme simili. Tra queste vi sono il fenicio, il greco occidentale, l'etrusco e altre lingue italiche, tra cui il latino antico.

La prima testimonianza potenziale delle rune risale al 50 d.C. con un'iscrizione su una spilla, ma l'iscrizione non è chiara e potrebbe anche essere romana. Le iscrizioni runiche confermate non compaiono per un altro centinaio di anni, a metà del II secolo. La prima apparizione databile di un'iscrizione runica appare sul pettine Vimose, proveniente dalla Danimarca. La prima apparizione conosciuta dell'Elder Futhark completo in ordine risale approssimativamente al 400 d.C. sulla pietra runica di Kylver, in Svezia. Esistono meno di 400 esempi noti di Futhark antico in uso.

Esistevano esempi precedenti di rune? È possibile. Se le rune erano intagliate in materiali organici come il legno o l'osso, il deterioramento di questi materiali lascia gli storici senza campioni databili.

Linea temporale

Di seguito è riportata una cronologia approssimativa della comparsa e dell'uso delle rune. Tutte le date sono approssimative e sono riferite all'Era Comune-CE.

Prima età del ferro germanica *(prima del 350)*

50- Spilla di Meldorf, possibile prima apparizione di rune - potrebbero essere latine

160-800 Futhark degli anziani

160 - Pettine Vimose

400- Pietra di Kylver - pietra runica con l'intero Elder Futhark scolpito in ordine.

Periodo di migrazione *(dal 350 al 550 circa)*

400-1000 Uso del Futhark anglosassone nelle isole britanniche

Epoca di Vendel/Età merovingia *(dal 550 al 800 circa)*

metà e fine del 700 i missionari cristiani arrivano in Scandinavia

Età vichinga *(dall'800 al 1066 circa)*

800- Uso del Futhark più giovane in Scandinavia

metà dell'800 *Abecedarium Nordmannicum* elenca i nomi delle rune (non è chiaro se si tratti di un poema runico)

900- Il *Codex Vindobonensis 795* include un poema runico anglosassone.

976- Harald Bluetooth innalza la Pietra di Jelling e le pietre runiche diventano di moda.

1017- Rune vietate in Inghilterra

1066- Fine dell'era vichinga con Olof Skötkonung, l'ultimo re scandinavo a convertirsi al cristianesimo.

Medioevo/ Medioevo e successivi

1200 - Poema runico norvegese

1270- *Codex Regius* Manoscritto dell'*Edda poetica*, incluso *Hávamál*

1400 - Poesie runiche islandesi

1600 - la Chiesa vieta l'uso delle rune

CAPITOLO 3: L'USO DELLE RUNE

Gli usi delle rune sono molteplici: dal racconto di imprese audaci all'identificazione di proprietà, dall'infusione di poteri magici nelle armi alla creazione di talismani protettivi. Il loro uso come linguaggio scritto comprendeva sia la sfera mondana che quella magica.

I primi usi delle rune erano semplicemente nomi su oggetti, per identificare il proprietario o il fabbricante dell'oggetto. Le rune utilizzate per inviare messaggi erano incise su lunghi bastoni, chiamati doghe. Mentre i bastoni sono stati identificati nelle storie per essere utilizzati per il lancio delle rune, e le reliquie sopravvissute lo confermano, altri sembravano essere utilizzati per l'apprendimento, con il Futhark Giovane elencato in ordine, mentre alcuni portavano messaggi come I.O.U., preghiere e note d'amore (un po' salaci).

Le rune sono apparse su monete e oggetti personali come pettini e gioielli, tra cui spille, anelli e cinture. Sono state utilizzate su scatole e armi. Le rune sono state trovate intagliate su legno, osso di balena, corna e pietra.

Pietre miliari

Gli esempi più grandi e forse più noti dell'uso delle rune sono le pietre runiche. Si tratta di rocce autoportanti, di diverse tonnellate, scolpite con rune e decorazioni. La tradizione delle pietre commemorative è citata nel poema *Hávamál*, che racconta la storia di come Odino apprese il significato delle rune.

Le pietre miliari sono apparse già nel IV secolo, ma non hanno guadagnato popolarità fino alla metà del X secolo, quando il re danese Harald Bluetooth innalzò la Pietra di Jelling per commemorare i suoi genitori. La maggior parte delle pietre runiche è stata scolpita tra la metà del 900 e la fine dell'epoca vichinga.

Ci sono oltre tremila pietre miliari, la maggior parte delle quali si trova in Svezia. Ce ne sono 250 in Danimarca, cinquanta in Norvegia e nessuna in Islanda. Tuttavia, le pietre runiche sono apparse fin dai viaggi delle tribù germaniche e sono state identificate vicino al Mar Nero, a est, e sull'Isola di Man, a ovest.

Queste pietre commemorative erano destinate a essere viste. Avevano incisioni su più lati e spesso includevano elementi decorativi di bestie e persone. Le incisioni erano dipinte con colori vivaci e venivano collocate in luoghi accessibili alle persone, come lungo i corsi d'acqua, agli incroci e sui ponti.

Le pietre miliari venivano innalzate per commemorare i grandi successi delle persone. Le pietre venivano erette dalle famiglie ricche, di solito dai coniugi e dai figli sopravvissuti, per onorare mariti, padri, mogli o membri illustri delle loro tribù. Spesso erano destinate ai morti, ma non erano pietre tombali. Le pietre miliari non erano limitate ai morti, anche i vivi potevano innalzare una pietra per vantarsi delle loro gesta.

Le iscrizioni seguivano uno schema fisso. In primo luogo, si nominava il committente della pietra. Poi, chi veniva onorato, le sue gesta e i suoi successi, il motivo per cui veniva commemorato. Spesso questa sezione era composta in versi. A volte veniva inclusa una preghiera, o un passo mistico per portare i morti nell'aldilà, o entrambi. Infine, veniva inserito il nome del capocorsa. Con la crescita dell'influenza del cristianesimo durante l'epoca vichinga, le pietre miliari includevano anche preghiere cristiane.

Mentre la pratica delle pietre runiche terminò con l'epoca vichinga, le iscrizioni runiche su oggetti più piccoli continuarono. Le pratiche cristiane durante l'epoca vichinga e in seguito non scoraggiarono l'inclusione di rune accanto a scritte in latino su oggetti simbolici come croci e bare. Si ipotizza che ciò sia avvenuto da due punti di vista. Il primo è il tentativo di facilitare l'accoglienza del cristianesimo da parte dei pagani norreni. La seconda, come tentativo da parte dei pagani norreni di indicare che conoscevano i principi cristiani e li includevano nella speranza che la Chiesa li lasciasse in pace. La combinazione di rune con iscrizioni in latino continuò fino a quando la Chiesa vietò questa pratica nel XVII secolo.

Pratiche magiche

Esistono diverse pratiche magiche che fanno uso delle rune. La divinazione, o lettura delle rune, era un modo in cui una persona poteva interrogare e scoprire le intenzioni del proprio destino. Per questo tipo di lettura venivano utilizzati bastoni, ossa o piccole pietre iscritte con il Futhark.

Le rune venivano utilizzate anche per gli incantesimi. Venivano utilizzate, tra l'altro, per incantare la salute e la protezione. Le iscrizioni degli incantesimi combinavano le rune per ottenere risultati e intenzioni specifiche. Queste iscrizioni venivano incise su un talismano o su altri oggetti. I guerrieri facevano incidere sulle loro armi iscrizioni che ne indicavano la forza e la prodezza sul campo di battaglia, o che ne indicavano la morte rapida per i loro nemici. Davano un nome alle loro spade e lance e lo facevano incidere sull'arma, conferendo all'oggetto il suo potere.

Gli incantesimi, gli amuleti e gli usi divinatori delle rune saranno esaminati più avanti in questo libro.

Se da un lato le rune venivano usate per intenti magici, come parte dell'incantesimo o della divinazione del futuro, dall'altro erano considerate magiche in sé e per sé.

Una parola di cautela

Le pratiche magiche con le rune non dovrebbero mai essere utilizzate con leggerezza. Anche i poemi dell'Antico Nord mettono in guardia dal lavorare con le rune se non si conosce bene il loro significato: *Nessuno scolpisca rune per lanciare un incantesimo, se prima non impara a leggerle bene.*

Durante l'epoca vichinga, sia gli uomini che le donne delle famiglie più ricche sapevano leggere e scrivere le rune. Tuttavia, quando avevano bisogno del lavoro di fusione delle rune - rune specifiche per intenti magici - assumevano un runemaster. I runemaster non solo scolpivano esempi più complessi di lavoro con le rune, come le pietre runiche, ma erano anche ben istruiti sui significati più profondi delle rune per essere in grado di implementare correttamente le loro proprietà magiche.

Ricordiamo che le rune sono legate a Odino, che ne ha reso disponibili i significati agli esseri umani. È un dio degli aspetti caotici della guerra, è insidioso ed è legato a cose oscure e pericolose. Le rune lanciate in modo errato, anche con le migliori intenzioni, possono essere pericolose e portare danni a chi non è preparato.

Un passo dell'*Edda poetica* racconta di un maestro di corsa che, nei suoi viaggi, incontra un uomo con una figlia gravemente malata. Il maestro di corsa scopre che la figlia ha un talismano di osso di balena intagliato con una runa e realizzato male. La persona che ha realizzato il talismano potrebbe aver avuto l'intenzione di portarle fortuna o salute, ma non ha capito bene cosa stava facendo. Questo ha fatto sì che il talismano facesse ammalare la giovane donna. La giovane donna si è ripresa immediatamente non appena il runemaster ha distrutto le rune maligne e ha fornito un calco di rune creato correttamente.

Questo ammonimento non deve essere preso alla leggera. Questa guida fornisce solo un'introduzione all'uso delle rune. Le rune fanno parte di un recupero attivo del patrimonio culturale. Avvicinatevi ad esse con la stessa attenzione che usereste quando imparate a conoscere una cultura diversa dalla vostra. Si raccomanda, prima di dedicarsi completamente al lancio delle rune, di continuare e ampliare lo studio del background culturale e religioso delle pratiche pagane norrene e germaniche.

Usare con rispetto

I simboli dell'Elder Futhark sono stati presi e utilizzati da gruppi politici nel ventesimo e ventunesimo secolo. Questi gruppi vogliono allinearsi al potere intrinseco del simbolo ed essere visti come dotati della stessa energia. Quando le forme runiche vengono utilizzate come simbolo che non ha nulla a che fare con il loro intento originale, il significato può essere contaminato. Questa associazione scorretta e spesso negativa/nociva può mettere a rischio coloro che utilizzano i simboli nelle loro pratiche religiose.

CAPITOLO 4: CREARE LE PROPRIE RUNE

I set di rune possono essere acquistati da molte fonti. I negozi New Age e i praticanti online offrono molte opzioni per set artigianali. Sono anche disponibili da fonti di produzione di massa. Tuttavia, le rune più forti che vi leggeranno correttamente sono quelle che avete creato voi stessi. Le rune sono un oggetto molto personale e, proprio come le carte dei tarocchi, non si vuole che qualcun altro le tocchi o ci "giochi".

Se decidete di acquistare un set, prima di usarlo dovrete pulirlo e personalizzarlo. La pulizia delle rune sarà discussa più avanti in questo capitolo.

Definizioni: In questo capitolo esploreremo la creazione di insiemi di rune. (Le pietre runiche, da non confondere con le runestones, le massicce rocce libere, si riferiscono tipicamente a insiemi scolpiti nella pietra, incisi o dipinti su ceramica o vetro. Il nome di doghe runiche è usato di solito per gli insiemi scolpiti nel legno. Per semplicità, in questo capitolo ci si riferisce a entrambi gli insiemi *come "insiemi" o semplicemente come "rune",* seguendo la definizione che si riferisce a piccoli pezzi iscritti o contrassegnati con tali simboli.

Quando si crea il proprio set di rune per il lancio e la divinazione, è importante prima familiarizzare con le forme delle rune ed esercitarsi a crearle. Iniziate a esercitarvi con carta e matita. Tracciate le forme di ciascuna runa. Le linee devono essere dritte ed equidistanti. Potete iniziare ad esercitarvi su carta grigliata. Le linee vi aiuteranno a mantenere le forme dritte e uniformi.

Potreste aver visto esempi di rune con linee curve, come un Feoh con due rami che si curvano verso destra invece di essere linee dritte che si angolano verso destra. Le rune con linee curve provengono dal Futhark anglosassone o giovanile e si sono evolute in rami curvi stilizzati perché alla fine sono state scritte. Per lanciare le rune, si vuole rimanere il più vicino possibile alle forme originali usate dalle Norne, quindi è importante attenersi allo stile a linee rette dell'Elder Futhark.

Se non è disponibile la carta griglia, può essere utile un righello da usare come guida per il bordo dritto e per assicurarsi che le lunghezze delle linee siano uniformi. Potete anche tracciare le vostre guide di lunghezza lungo il bordo di un secondo foglio di carta, invece di usare un righello.

Dopo aver finito di esercitarsi per quella sessione, cancellate o segnate tutte le forme di esercitazione e bruciate la carta. Non scarabocchiate rune sui bordi dei fogli, sui moduli che dovete conservare o su qualsiasi cosa che consegnerete ad altre persone.

Ricordate che le rune stesse sono intrinsecamente magiche e una runa creata in modo errato potrebbe causare danni.

Quando sarete più sicuri delle forme delle rune, dovrete esercitarvi di nuovo usando i materiali con cui intendete creare il vostro set. Gli strumenti per l'intaglio, la combustione del legno e persino il disegno in argilla richiedono un controllo muscolare diverso da quello di carta e matita, quindi la pratica è fondamentale. Queste prime rune di prova devono essere distrutte e non lasciate. A seconda del materiale con cui avete scelto di creare le vostre rune, dovrete raschiare/cancellare e bruciare il vostro lavoro di esercitazione, oppure pulire e igienizzare la superficie.

I materiali

Le rune funzionano meglio se realizzate con materiali naturali: legno, argilla o pietre. Si possono usare anche altri materiali, ma bisogna procedere con cautela. I metalli trattengono l'energia negativa che può essere difficile da pulire. I materiali sintetici non trattengono altrettanto bene la magia e la natura intrinseca del materiale potrebbe contaminare le rune.

Attenzione alle pietre: sono incluse le pietre semipreziose e i cristalli. I materiali provenienti dalla terra possono contenere una forte magia terrestre. I cristalli possiedono energie magiche proprie, quindi bisogna assicurarsi che le loro proprietà siano in linea con la runa che si intende utilizzare su di essi. Inoltre, alcuni cristalli e pietre semipreziose sono estratti dalla terra. Se scegliete di usarli, assicuratevi di utilizzare materiali di provenienza etica.

Le pietre di fiume sono una buona scelta di pietra perché sono state pulite in acqua corrente naturale. Anche il vetro è considerato una pietra di terra, poiché è fatto di sabbia. Essendo trasparente e privo di struttura interna come i cristalli, accetta facilmente le cariche magiche che gli vengono impartite.

I materiali migliori da scegliere sono quelli che riflettono la natura originale delle rune: il legno e l'argilla. Le Norne incisero le rune sull'Albero del Mondo, il possente frassino, che a volte si pensa sia anche un tasso. E ricoprirono il tronco e le radici dell'Albero del Mondo con l'argilla.

Si può usare qualsiasi legno. Il frassino e il tasso sono le scelte migliori, in quanto riflettono l'Albero del Mondo, e l'olmo (il primo uomo e la prima donna sono stati scolpiti in frassino e olmo) sono i legni che risuonano con l'energia più alta delle rune. I rami tagliati da voi stessi saranno una scelta migliore rispetto al legno prelavorato da un'altra fonte.

Anche le pietre runiche di argilla possono contenere un'elevata magia runica. Tuttavia, lavorare con l'argilla pone un problema: non tutti hanno accesso a un forno per il processo di cottura ad alta temperatura.

Lo *Hávamál* descrive il processo di taglio, intaglio, graffio e colorazione delle rune. Le pietre runiche, le pietre runiche e le doghe runiche sono tradizionalmente dipinte nelle scanalature per aumentarne la visibilità. Il rosso è il colore più diffuso per le rune, ma durante l'epoca vichinga si aveva accesso a molti pigmenti diversi e le rune venivano dipinte in molti colori diversi. La natura del *taglio, dell'intaglio* e del *graffio* implica il legno o la pietra. Ciò non significa che non si possano dipingere rune su piccoli ciottoli di vetro, che possono essere davvero molto belli. Tenete presente i livelli di energia magica a cui attingerete con i diversi materiali.

Creare pietre runiche

Una volta acquisita familiarità con i materiali con cui si è scelto di lavorare e una volta che si è sicuri di essere in grado di creare le rune in modo corretto, si può iniziare. L'atto stesso della creazione è un rituale magico e si deve essere consapevoli di tutte le intenzioni mentre si lavora.

Prima di iniziare, assicuratevi di avere un'area di lavoro adeguata. Eliminate il disordine inutile e tenete a portata di mano tutti gli strumenti desiderati. È necessario uno spazio di lavoro privo di distrazioni, dove potersi concentrare. Assicuratevi di avere a disposizione una quantità di tempo adeguata per questo processo. Se non avete molto tempo a disposizione per creare tutti i ventiquattro simboli dell'Elder Futhark in una volta sola, dividete il lavoro in processi (come misurare e tagliare il legno) e poi in lavoro sulle tre Aette, concentrandovi solo sulla creazione di otto rune alla volta. Questo può significare che dovrete lavorare in momenti in cui gli altri membri della famiglia sono fuori casa o dormono.

Le rune che le Norne incisero su Yggdrasil avevano lo scopo di proteggere, curare e mantenere in salute l'Albero del Mondo. Fate attenzione a pensieri di questo tipo e pensate al vostro intento quando create le rune. Prima di iniziare il lavoro, si può praticare un rituale di centratura. Può trattarsi di una preghiera agli dei Aesir, a Odino l'Onnipotente o di una semplice meditazione per liberare la mente.

Si può scegliere di bruciare una candela bianca e di ascoltare musica rilassante o registrazioni di suoni della foresta o di altri suoni della natura. Il vostro stato mentale e le vostre intenzioni devono essere calme e concentrate. Se siete agitati, avete pensieri cupi e rabbiosi o siete eccessivamente tristi e sconvolti, potreste alimentare queste energie negative nelle vostre rune e tutti i lanci o le letture fatte con quel set potrebbero avere esiti negativi o dannosi, anche dopo la pulizia delle rune.

La conoscenza delle rune è stata acquisita grazie a un atto di sacrificio. Fate un atto di sacrificio mentre create le vostre pietre runiche. Versate una bevanda e offritela come tributo: non bevetela, ma sacrificatela al suolo - agli dei Aesir piaceva la birra. Come minimo le rune meritano tutta la vostra intenzione e concentrazione. Se accidentalmente vi ferite e sanguinate durante il processo, fermatevi. Dovrete distruggere le rune su cui avete sanguinato. La magia del sangue è potente e pericolosa, soprattutto per chi non è addestrato. Come principiante di qualsiasi pratica magica, non si vuole intraprendere accidentalmente la magia del sangue.

Creare le proprie rune può essere divertente e soddisfacente. Di seguito sono riportate le istruzioni per due diversi tipi di set di rune, per vari livelli di abilità.

Rune di vetro (tecniche per principianti)

Materiali: ciottoli di vetro trasparente, smalto per unghie colorato e trasparente, oppure vernice e sigillante acrilico lucido trasparente, alcool per sfregamento.

Strumenti: pennelli sottili

Materiali da reperire: I sassolini di vetro possono essere acquistati nei negozi di artigianato artistico, nei negozi di articoli per la casa o nella maggior parte dei negozi con reparto floreale, e possono essere ordinati online. Lo smalto per le unghie può essere acquistato presso la maggior parte dei negozi di articoli di bellezza. Vernici, pennarelli e sigillanti possono essere acquistati nei negozi di articoli artistici e artigianali. Non acquistate ciottoli di vetro smerigliati, perché il procedimento qui descritto li coprirà con un rivestimento lucido, rovinando l'effetto opaco.

Si consiglia di utilizzare ciottoli di vetro trasparenti perché l'uso di ciottoli di vetro colorati conferisce alle rune gli aspetti della magia dei colori. Prima di scegliere i sassolini colorati, è bene fare una ricerca sulle associazioni dei colori con le rune e la magia dei colori.

È consigliabile lavorare in un'area con una buona ventilazione e dove sia facile pulire. Si consiglia di utilizzare teloni e coperture per le superfici. La vernice e lo smalto per unghie danneggiano i mobili, quindi pianificate lo spazio di lavoro di conseguenza. Se si utilizza un sigillante a spruzzo, si consiglia di spruzzare all'esterno e di utilizzare una copertura per il viso.

- Pulire i ciottoli di vetro *(vedi fine capitolo)*.

- Pulire i ciottoli di vetro con alcool per rimuovere eventuali oli.

Per le rune in cima ai ciottoli di vetro:

- Disegnare le rune su carta delle dimensioni del sassolino di vetro. Per le rune sopra il sassolino, disegnare le rune con lettura a destra.

- Posizionare il sassolino di vetro sopra il disegno della runa su carta e, con un pennello sottile, tracciare la forma sul vetro con lo smalto o la vernice. La maggior parte dei sassolini di vetro ha un lato leggermente bombato e un lato piatto. Il lato bombato è rivolto verso l'alto.

- Utilizzare un pennello sottile sia per lo smalto che per la vernice. I pennelli per smalto sono troppo goffi e grossi per un lavoro pulito.

Per le rune visibili attraverso il ciottolo di vetro:

- Disegnate le rune su carta delle dimensioni dei sassolini di vetro, ma disegnatele al contrario, come immagine speculare. In questo modo le rune si leggeranno nel verso giusto quando si guarderanno attraverso il vetro.

- Posizionare il ciottolo di vetro a testa in giù (lato cupola) sul disegno e con un pennello sottile tracciare la forma sul fondo del ciottolo di vetro con lo smalto o la vernice.

- Lasciare asciugare tra una mano e l'altra. Potrebbero essere necessarie diverse mani di smalto/vernice per ottenere una linea intensamente colorata.

- Applicare la vernice trasparente; passare un paio di strati di smalto trasparente sulla marcatura delle rune. (Il pennello fornito in dotazione con lo smalto è adatto a questo scopo, poiché non si tratta di un lavoro dettagliato). In alternativa, è possibile utilizzare un sigillante acrilico trasparente. Se si usa quello a spruzzo, spruzzarlo all'aperto.

- Smaltire le rune pre-segnate in modo appropriato.

Rune di legno (tecniche avanzate)

Materiali: Un ramo spesso da 1 a 2 pollici, lungo almeno 13 pollici (per 24 dischi da 1 cm o 0,5 pollici - ne serviranno di più in caso di tagli sbagliati) o 24 dischi di legno* (più altri per esercitarsi), mordente per legno o vernice.

Strumenti: carta vetrata con grana sempre più alta, sega a mano, strumenti per l'intaglio: Utensile a V/ sgorbia o strumento per bruciare il legno, morsetti, righello, matita, pennello sottile, occhiali di sicurezza.

È consigliabile lavorare in un'area con una buona ventilazione e dove sia facile pulire. La cosa migliore è lavorare all'aperto durante il taglio del legno. Si consiglia di utilizzare teloni e coperture per le superfici. L'intaglio, la combustione e la colorazione del legno possono danneggiare i mobili, quindi è bene pianificare lo spazio di lavoro di conseguenza. *Se si *utilizzano dischi di legno acquistati, è necessario pulirli prima di lavorarli.*

Procurarsi il legno: Potete utilizzare i rami che trovate durante le vostre escursioni o controllare i mucchi di alberi tagliati (è sempre meglio essere educati e chiedere prima di prendere un ramo dalla proprietà di qualcuno).

Non tagliate rami vivi dagli alberi, perché potrebbe essere pericoloso se non sapete esattamente cosa state facendo. Potreste ferirvi e danneggiare l'albero (danneggiare gli alberi è contrario all'intento originario delle rune, che le Norne usavano per curare e proteggere Yggdrasil).

Conoscere le leggi relative al prelievo di rami dai parchi della propria zona. È illegale prelevare rami (anche quelli caduti naturalmente) dai parchi nazionali degli Stati Uniti e del Canada, a causa delle politiche di conservazione dell'ambiente naturale.

È possibile ordinare rami con ancora la corteccia nei negozi di artigianato o chiedere al rivenditore di legname locale. Non tagliate il legno verde. Lasciate asciugare completamente i rami prima di creare le rune. A seconda della temperatura e del clima locale, possono essere necessari da alcuni giorni a diverse settimane.

- Indossare occhiali di sicurezza quando si usano gli strumenti per la lavorazione del legno.

- Proteggere le superfici di lavoro secondo le necessità.

Creazione di dischi di legno:

- Trovate una sezione di ramo che abbia uno spessore uniforme. Potrebbero essere necessari diversi rami per avere abbastanza legno per ventiquattro rune. Con un righello, misurate lo spessore desiderato per le rune. Le sezioni più sottili saranno più difficili da tagliare.

- Fissare il ramo a un tavolo da lavoro o a un cavalletto. Fate in modo che la sezione che desiderate tagliare penda sullo spazio vuoto. Con un movimento avanti e indietro, tagliate 24 dischi, più un numero sufficiente di pezzi su cui esercitarvi.

- Ricordate il vecchio adagio "misurare due volte, tagliare una".

- Se avete acquistato dischi pretagliati, puliteli prima di lavorare le rune sulla loro superficie.

Preparazione della superficie:

- Utilizzare la carta vetrata per levigare le superfici dei dischi di legno (questo vale sia per quelli tagliati a mano che per quelli acquistati in negozio). Iniziate con una carta vetrata grossolana e lavorate gradualmente con grane sempre più alte per levigare il legno fino a ottenere una lucidatura setosa e priva di bave.

- Pianificare le rune.

- Con una matita, disegnate con cura la forma della runa su un lato del disco di legno (l'altro lato rimarrà vuoto).

Bruciatura a legna:

- Seguendo le istruzioni dello strumento per la cottura a legna, ricalcare con cura il disegno a matita.

- Se non avete mai usato strumenti per la combustione a legna, fate pratica su legno di scarto.

Scultura in legno:

- Gli strumenti da intaglio sono molto affilati. Non incidere mai verso il busto o la mano.

- Se non avete mai usato strumenti per l'intaglio, fate pratica su legno di scarto.

- Fissare il disco di legno preparato a una superficie di lavoro stabile.

- Appoggiare la punta dell'utensile da intaglio sul legno. Esercitare una pressione verso il basso nel legno e lontano dal corpo, seguendo la forma disegnata a matita.

- Gli strumenti da intaglio a forma di V e di U incidono il legno creando la forma del loro nome, fornendo un'incisione netta o una linea liscia e curva.

- Non scavare la punta dell'utensile nel legno. Non premere la parte superiore della forma a V o a U al di sotto della superficie del disco di legno, in quanto ciò potrebbe causare scheggiature e bloccare l'utensile da intaglio.

- Intagliate leggermente e ripassate più volte le linee per ottenere una scanalatura più profonda nel legno.

- Dopo la bruciatura o l'intaglio, carteggiare nuovamente la superficie per eliminare eventuali bave.

- Macchia o vernice.

- Con un pennello sottile, tracciare con cura le linee incise delle rune.

- Lasciare asciugare in un'area priva di polvere per almeno ventiquattro ore. Verificare che la macchia/vernice sia asciutta prima di pulire e caricare le rune.

Pulire le rune

Prima di iniziare, è necessario pulire i set di rune acquistati o i materiali che si intende utilizzare per creare i propri set di rune. Dovrete anche pulire i set di rune che avete creato quando avete finito e di nuovo prima di iniziare a usarli.

La pulizia delle rune aiuta a eliminare le energie negative o i residui di magia che possono essersi insinuati nella pietra runica. È bene rimuovere queste vecchie energie prima di caricare le pietre con le proprie energie magiche.

Potreste scoprire di voler purificare le vostre pietre dopo aver effettuato letture per alcune persone, o se ritenete che siano state maltrattate o maneggiate eccessivamente da altri.

Ci sono molti modi per purificare le rune. L'esposizione alle forze degli elementi naturali è il più semplice. A seconda del materiale, potete lasciarle riposare nell'acqua naturale di un ruscello o di un torrente, oppure sotto la pioggia. Non cercate di pulirle nell'acqua corrente del rubinetto o in uno stagno stagnante.

Si possono lasciare fuori tutta la notte sotto la luna piena. Oppure posizionatele al sole del primo mattino e lasciatele fuori per un giorno e una notte interi. Se non avete un posto sicuro all'esterno dove far riposare le vostre pietre, potete metterle sul davanzale di una finestra dove hanno pieno accesso alla luce naturale.

Altri metodi di pulizia delle pietre implicano la conoscenza di altre magie, quindi in questo caso è meglio mantenere le cose semplici. Lavorate con il metodo di pulizia che meglio si adatta alla vostra situazione e che risuona con la vostra pratica.

È necessario un sacchetto morbido con coulisse in fibre naturali, come il cotone o la seta. Dovrete conservarle in un luogo che sia vostro e non in un luogo della vostra casa dove altri abbiano accesso e possano spostare le pietre per accedere a qualcos'altro. Volete che le rune assorbano la vostra energia e non le energie confuse di più persone.

Caricare le rune

Ogni fase della creazione delle rune è stata un rituale, e questa non è diversa. Assicuratevi di avere a disposizione un tempo ininterrotto e un luogo dove poter lavorare. In questo momento liberate la mente da preoccupazioni e preoccupazioni inutili e mantenete lo spazio e l'intenzione per quello che state facendo.

Ci sono molti modi per caricare le rune. Lo smudging è la pratica di far passare il fumo di specifiche erbe su un oggetto. La salvia è un'erba purificatrice e si presta bene a questo scopo. Dovrete pulire anche il contenitore delle rune. Tenete ogni pietra runica nel fumo e respirate il nome della runa nel pezzo. Per farlo, avvicinate la runa alla bocca e pronunciate il nome della runa. Assicuratevi di respirare in modo che l'aria dei vostri polmoni accarezzi la runa. Ripetete per ogni runa.

Quando avete finito, rimettete con cura le rune nel loro sacchetto e riponetele nel posto che avete scelto per loro.

Non tutti possono tollerare il fumo; fortunatamente, ci sono altri modi per caricare le pietre. Avvolgete le pietre in un panno pulito e seppellitele per una settimana. Quando le dissotterrate, respirate il loro nome.

Un altro modo per caricare le rune è metterle fuori al sole del mattino presto e lasciarle per un intero ciclo di giorni. Quando raccogliete le pietre, assicuratevi di respirare il loro nome.

Non esiste una serie di regole prescritte per la pulizia e la ricarica delle pietre. Utilizzate i metodi che vi sembrano migliori.

CAPITOLO 5: FUTHARK DEGLI ANZIANI

L'Elder Futhark è stato il primo alfabeto runico. Ci sono ventiquattro forme runiche e ogni forma ha un nome, un significato e un'intenzione più profonda. Il termine Futhark nasce dalle prime sei forme runiche. A differenza del Futhark anglosassone o del Futhark giovane, le forme del Futhark anziano sono realizzate con linee rette e non curve. Ciò riflette la natura scolpita di come le rune venivano incise/scalpellate nella pietra, nel legno e in altri oggetti.

Le rune sono molto più di un'antica forma di scrittura in cui ogni forma rappresenta una lettera. Hanno connessioni con gli dei norreni e associazioni con la natura. I loro significati sono più profondi della semplice definizione del loro nome, e ognuna di esse ha un significato magico più profondo.

Una nota sui nomi e sui significati

La maggior parte delle rune presenta più varianti del proprio nome. Questo è il risultato dell'evoluzione e dei cambiamenti linguistici rispetto ai termini originali e a quale versione del nome è stata più comunemente adottata. La storia delle rune si basa sulle tradizioni e sulle località dell'Antico Germanico e dell'Antico Norreno. La lingua è cresciuta e cambiata nelle varie località. Le modifiche dei nomi derivano dalle variazioni nell'uso delle lingue scandinave, danesi, islandesi e dell'inglese antico. Anche se tutte le rune dell'Elder Futhark sono ancora le ventiquattro forme originali, i nomi che trovate qui possono variare nelle loro origini. Ad esempio, le rune modificate e più comunemente utilizzate nel Futhark anglosassone possono avere un nome in inglese antico.

La vita ai tempi degli antichi germanici non era facile. Non avevano le risorse per il cibo, il calore e le medicine che offre la vita moderna. Gli dèi dell'Antico Nord servivano molte posizioni e non c'era un solo dio della guerra o un solo dio della fertilità. Le divinità della fertilità erano di vitale importanza in quanto si occupavano dei cicli della vita, compreso il ciclo della semina e del raccolto, ma anche della riproduzione umana. Molte rune hanno la fertilità come uno dei loro aspetti e spetta al lettore interpretare se la fertilità in quel caso si riferisce alla crescita finanziaria, a un raccolto abbondante, alla nascita di bambini (animali o persone) o a una nuova relazione sentimentale.

Le associazioni divine sono indicate quando sono note. Non tutte le rune hanno un'associazione con un dio o un essere mitologico. Molte sono semplicemente forze della natura. Le associazioni cromatiche variano molto e hanno connessioni diverse in base all'interpretazione delle rune. Le piante e le gemme rispondono all'energia associata alle loro rune. In molti casi, hanno una connessione diretta di significato o una relazione con la divinità associata.

I tre aetti

L'Elder Futhark è diviso in tre gruppi di otto, ciascuno chiamato *aett*. Questi raggruppamenti identificano le rune con divinità e concetti specifici. La posizione di una runa all'interno dell'aett è importante per l'uso delle rune di codifica, un mezzo per scrivere una runa senza usare il simbolo esatto. Esempi: Feoh è la prima runa nel primo aett 1:1; Isa è la terza runa del secondo aett 2:3.

(Lo scopo di questa codificazione non è chiaro. Sono state create per aggiungere un ulteriore livello di mistero alle rune, oppure erano intese come un modo per utilizzare l'aspetto scritto/letterale di una runa senza mettere in atto le sue energie magiche? Purtroppo non lo sapremo mai).

L'aett di Freya

Attribuito a Freya e/o Frey, entrambi considerati divinità della fertilità e della prosperità. Freya è associata alla bellezza, alla vita vegetale e alla divinazione. Suo fratello gemello, Frey, è associato a cieli soleggiati, piogge moderate e buoni raccolti. Erano divinità Vanir. Questa aett si allinea ai concetti di ciclo vitale. Le otto rune di questo aett sono Feoh, Uruz, Thurisaz, Ansur, Raidho, Kenaz, Gebo e Wunjo.

Feoh

- Significato: bestiame; ricchezza

- Le rune hanno avuto origine in un'epoca in cui possedere bestiame era segno di ricchezza e proprietà. Di solito coincideva con una forma di leadership o di potere all'interno della comunità. Questa runa ha assunto il significato di ricchezza finanziaria, ma anche di ricchezza sociale e comunitaria. Altri attributi sono gli inizi finanziari e la fertilità.

- Descrizione: alta linea verticale con due rami impilati a circa metà del lato, angolati verso l'alto e verso destra.

- Lettera equivalente/suono: F

- Dio: Frey

- Albero: sambuco

- Erba: ortica

- Pietra preziosa: agata muschiata

- Associazioni di colori: rosso, verde, marrone

- Posizione in Futhark: 1

- Posizione in aett: 1:1

Uruz/Ur

- Significato: uro; forza

- L'uro era un tipo di bue selvatico con corna estreme (si è estinto nel 1600), descritto come grande come un elefante (secondo Giulio Cesare) e feroce come un toro infuriato. Questa runa indica un'energia vitale molto maschile, indica potere primordiale, salute fisica e prodezza sessuale.

- Descrizione: linea verticale con un breve ramo che si inclina leggermente verso il basso e verso destra. Dall'estremità del primo ramo parte un secondo ramo corto verticale che scende dritto; assomiglia a una N minuscola latina (n).

- Lettera equivalente/suono: U

- Albero: betulla

- Erba: muschio di sfagno

- Pietra preziosa: carbuncolo

- Associazioni di colori: verde scuro, rosso, arancione

- Posizione in Futhark: 2

- Posizione in aett: 1:2

Thurisaz/Thorn

- Significato: gigante; pericolo, sofferenza

- La forma di questa runa riflette uno dei suoi significati di spina, un deterrente tagliente. Può essere intesa come un avvertimento o come la necessità di difendersi. Può anche essere interpretata come una runa della fertilità, poiché le viti spinose rompono le rocce per attecchire. È anche un gioco di parole per spina: pungere: fallo.

- Descrizione: linea verticale alta con due rami corti allineati alla zona centrale della verticale che formano un picco a destra; assomiglia a una P latina con una linea in più che cresce dalla cima.

- Lettera equivalente/suono: TH

- Dio: Thor

- Albero: biancospino

- Erba: houseleek

- Pietra preziosa: zaffiro

- Associazioni di colori: rosso, marrone, bianco

- Posizione in Futhark: 3

- Posizione in aett: 1:3

Ansur

- Significato: bocca di Dio; prosperità e vitalità

- È la runa della comunicazione. Si attribuisce a Odino il merito di aver dato vita alle figure scolpite che divennero il primo uomo e la prima donna. Questa runa rappresenta quel soffio vitale. Rappresenta l'intelligenza, l'ispirazione divina e l'intuizione.

- Descrizione: linea verticale alta con due rami sovrapposti allineati alla parte superiore della verticale, angolati verso il basso e verso destra; assomiglia a una F latina.

- Lettera equivalente/suono: A

- Dio: Odino

- Albero: frassino

- Erba: agarico della mosca

- Pietra preziosa: smeraldo

- Associazioni di colori: blu scuro, giallo

- Posizione in Futhark: 4

- Posizione in aett: 1:4

Raidho

- Significato: cavalcata; movimento, crescita

- Una delle interpretazioni di Raidho è la ruota di un carro, che rappresenta un viaggio. Il viaggio può essere fisico, da qui a lì, o metafisico. Ha anche connessioni con il viaggio dalla vita alla morte. Altri aspetti che Raidho comprende sono la leadership, la guida e l'integrità morale.

- Descrizione: linea verticale alta con due rami corti allineati alla sommità della verticale che formano un picco a destra, un terzo ramo corto incontra la verticale nello stesso punto del secondo ramo e si inclina verso il basso e a destra; assomiglia a una R latina.

- Lettera equivalente/suono: R

- Dio: Thor

- Albero: quercia

- Erba: artemisia

- Pietra preziosa: crisoprasio

- Associazioni di colori: rosso, viola, nero

- Posizione in Futhark: 5

- Posizione in aett: 1:5

Kenaz/Ken

- Significato: torcia; illuminazione, conoscenza

- I vari nomi di questa runa hanno interpretazioni molto diverse, da "fuoco" a "conoscenza" a "ulcera". Un'interpretazione prende questi significati apparentemente disparati e li combina per indicare specificamente la conoscenza medica. Kenaz rappresenta la chiarezza di pensiero e l'apprendimento attraverso la ricerca e l'esplorazione.

- Descrizione: incrocio con due rami corti, un ramo angolato verso l'alto e a destra, l'altro verso il basso e a destra (formando un punto a sinistra); assomiglia a una K latina senza la verticale.

- Lettera equivalente/suono: K

- Albero: pino

- Erba: primula

- Pietra preziosa: pietra del sangue

- Associazioni di colori: rosso, giallo

- Posizione in Futhark: 6

- Posizione in aett: 1:6

Gebo/Gyfu

- Significato: dono; generosità

- Pensata come dono spirituale e generosità. Questa runa può essere interpretata come i doni degli uomini agli dei, come i sacrifici, o degli dei agli uomini: gli insegnamenti religiosi. Comprende i concetti di commercio equo, contratti, reciprocità, generosità e armonia. È una runa del matrimonio e del sesso.

- Descrizione: intersezione di due lunghi rami, che creano una forma a X; assomiglia a una X latina.

- Lettera equivalente/suono: G

- Albero: olmo

- Erba: heartsease

- Pietra preziosa: opale

- Associazioni di colori: blu scuro, rosso, oro

- Posizione in Futhark: 7

- Posizione in aett: 1:7

Wunjo

- Significato: gioia, soddisfazione

- È la runa dell'amicizia e del benessere. Rappresenta la comunità e il legame familiare. Porta equilibrio e armonia.

- Descrizione: linea verticale alta con due rami corti allineati alla sommità della verticale che formano un picco a destra; assomiglia a una P latina.

- Lettera equivalente/suono: V o W

- Dio: Ullr

- Albero: frassino

- Erba: lino

- Pietra preziosa: diamante

- Associazioni di colori: giallo, rosso

- Posizione in Futhark: 8

- Posizione in aett: 1:8

Hagal's aett

Hagal significa letteralmente grandine. In base alle strofe dei poemi runici, la grandine è vista come distruttiva ma anche come portatrice di vita (in quanto si scioglie in acqua). Questa aett racchiude la dualità delle forze esterne della natura che hanno un impatto sulla vita. Le otto rune di questo aett sono Hagal, Naudhiz, Isa, Gera, Eoh, Peorth, Eolh e Sigel.

Hagal/Hagalez

- Significato: grandine; forze naturali distruttive

- Hagal è il potere distruttivo della natura. Letteralmente significa "grandine" e indica i danni e le ricostruzioni che avvengono in seguito a una tempesta. Incarna lo sconvolgimento e il cambiamento incontrollato. Porta un cambiamento di energie e rappresenta un'opportunità. Hagal è anche la nona runa dell'Elder Futhark. Il nove è un numero potente nella mitologia norrena: Ci sono i Nove Regni, Odino rimase appeso a Yggdrasil per nove giorni per imparare il segreto delle rune e la gestazione umana dura nove mesi. Tenendo presente questo aspetto, può essere interpretato come trasformativo e purificatore.

- Descrizione: due linee verticali alte e parallele con brevi diramazioni allineate leggermente al di sopra del punto medio sulla linea di sinistra, che si angolano verso il basso e verso destra, formando una giunzione sulla seconda verticale leggermente al di sotto del punto medio; variante con una seconda barra trasversale adottata dal Futhark Giovane; assomiglia a una H latina con una barra centrale inclinata.

- Lettera equivalente/suono: H

- Dio: Hel

- Albero: tasso

- Erba: mughetto

- Pietra preziosa: onice

- Associazioni di colori: azzurro, nero

- Posizione in Futhark: 9

- Posizione in aett: 2:1

Naudhiz/Nyd

- Significato: bisogno; speranza

- Naudiz non è il desiderio di volere, ma il bisogno di necessità e la tristezza associata e gli aspetti di speranza. È la runa del fare ciò che deve essere fatto, delle conseguenze e delle lezioni di vita. Ha connessioni con il desiderio e persino con la lussuria.

- Descrizione: una linea verticale alta con un ramo corto che si interseca a destra con un leggero angolo verso il basso, formando una croce; assomiglia a una T (t) minuscola latina.

- Lettera equivalente/suono: N

- Essere associazione: le Norne

- Albero: faggio

- Erba: bistorta

- Pietra preziosa: lapislazzuli

- Associazioni di colori: nero, grigio

- Posizione in Futhark: 10

- Posizione in aett: 2:2

Isa

- Significato: ghiaccio; attesa, inazione

- In Scandinavia e in Islanda, l'inverno e il ghiaccio sono una parte molto importante della vita. Bisogna aspettare il ghiaccio. L'inazione di Isa è pazienza, autocontrollo.

- Descrizione: una singola linea verticale alta; assomiglia a una I latina.

- Equivalente lettera/suono: I

- Albero: ontano

- Erba: giusquiamo

- Pietra preziosa: occhio di gatto

- Associazioni di colori: nero, argento, marrone

- Posizione in Futhark: 11

- Posizione in aett: 2:3

Gera/Jara

- Significato: anno, tempo, raccolto

- È la runa della semina, della crescita e del raccolto. Gera rappresenta il ciclo dell'anno. Comprende i concetti di buon momento, fertilità, pace e prosperità.

- Descrizione: una giunzione con due rami corti, un ramo angolato verso l'alto e a destra, l'altro verso il basso e a destra (formando un punto a sinistra), una seconda giunzione di due rami con una configurazione simile ma in direzione opposta, quindi il punto è a destra. Il ramo superiore del punto più basso, rivolto a destra, si trova direttamente sopra il ramo inferiore del punto rivolto a sinistra. I due punti non si toccano; assomigliano a due V latine laterali rivolte l'una verso l'altra.

- Lettera equivalente/suono: Y

- Albero: quercia

- Erba: rosmarino

- Pietra preziosa: corniola

- Associazioni di colori: azzurro, verde

- Posizione in Futhark: 12

- Posizione in aett: 2:4

Eoh/Eihwaz

- Significato: tasso; forza

- È la runa della saggezza e dei misteri della magia. È una runa spirituale per la comunicazione tra il magico e il mondano.

- Descrizione: una linea verticale alta con un ramo corto che si interseca nella parte superiore della verticale e che è angolato verso il basso e verso destra, un secondo ramo corto che si interseca nella parte inferiore della verticale e che è angolato verso l'alto e verso sinistra; assomiglia a una S latina stilizzata.

- Equivalente lettera/suono: I

- Dio: Ullr

- Albero: tasso

- Erba: mandragola

- Pietra preziosa: topazio

- Associazioni di colori: blu scuro, rosso

- Posizione in Futhark: 13

- Posizione in aett: 2:5

Peorth

- Significato: sconosciuto; mistero

- Il significato effettivo di Peorth si è perso nella storia. È stata associata agli alberi da frutto, ai giochi d'azzardo, alla sessualità e alla fertilità femminile. Per questo motivo, questa runa è stata associata alle opportunità inaspettate, all'ignoto e al destino. È spesso associata al gioco d'azzardo e agli eventi casuali.

- Descrizione: una linea verticale alta con un ramo corto che si interseca nella parte superiore della verticale e si inclina verso il basso e a destra, il ramo poi si inclina verso l'alto e a destra; un ramo corto si interseca nella parte inferiore della verticale e si inclina verso l'alto a destra, prima di inclinarsi verso il basso a destra; assomiglia a una C latina.

- Lettera equivalente/suono: P

- Essere associazione: le Norne

- Albero: faggio

- Erba: aconito

- Pietra preziosa: acquamarina

- Associazioni di colori: nero, viola

- Posizione in Futhark: 14

- Posizione in aett: 2:6

Eolh/Elhaz

- Significato: alce; protezione

- Questa runa è un forte simbolo di protezione. Protegge attraverso il bando e l'allontanamento. Ha legami con la perseveranza di fronte alle avversità e con una maggiore consapevolezza di sé.

- Descrizione: linea verticale alta con due rami corti che si intersecano leggermente al di sopra del punto medio; il ramo sinistro si inclina verso sinistra, quello destro verso destra; assomiglia a una Y latina con la linea di base verticale che continua verso l'alto.

- Lettera equivalente/suono: Z

- Albero: pioppo

- Erba: carice

- Pietra preziosa: ametista

- Associazioni di colori: oro, marrone

- Posizione in Futhark: 15

- Posizione in aett: 2:7

Sigel/Sowilo

- Significato: il sole; il successo

- Questa runa rappresenta la motivazione e la vittoria. Rappresenta la completezza personale, il raggiungimento degli obiettivi e la trasformazione dell'energia in azione.

- Descrizione: tre rami corti consecutivi, dal basso verso l'alto: il ramo angolato verso destra, il ramo successivo verso sinistra, il ramo più in alto verso destra a formare uno zig-zag; assomiglia a una S latina stilizzata.

- Lettera equivalente/suono: S

- Dio: Baldur

- Albero: ginepro

- Erba: vischio

- Pietra preziosa: rubino

- Associazioni di colori: bianco, oro, giallo

- Posizione in Futhark: 16

- Posizione in aett: 2:8

Tyr's aett

Tyr era un dio della guerra onorevole, valoroso e non esitava a fare ciò che era necessario per il bene comune, anche se a caro prezzo. Distrasse il lupo Fenrir, in modo che potesse essere legato dagli altri dei, mettendo la sua mano nella bocca del lupo. In seguito perse la mano. Questa aett racchiude i concetti di lotta interna e di controllo personale. Le otto rune di questo aett sono Tiwaz, Beorc, Ehwaz, Mannaz, Lagu, Ing, Daeg e Odhal.

Tiwaz

- Significato: Tyr; vittoria

- Usata dai guerrieri in battaglia, la runa di Tyr porta la vittoria e protegge dal male. Questa runa è associata alla lealtà, alla rettitudine, all'onore e all'onestà. Ha legami con le scelte giuste e con lo sviluppo della consapevolezza spirituale.

- Descrizione: linea verticale alta con due rami corti che formano una punta di freccia in alto; assomiglia a una T latina appuntita.

- Lettera equivalente/suono: T

- Dio: Tyr

- Albero: quercia

- Erba: salvia

- Pietra preziosa: corallo

- Associazioni di colori: rosso, verde

- Posizione in Futhark: 17

- Posizione in aett: 3:1

Beorc

- Significato: betulla; fertilità, crescita

- È una runa della primavera e della rinascita. Ha legami con i nuovi inizi e la crescita. Ha anche una forte energia materna e può significare rifugio, maturità, fertilità e maternità.

- Descrizione: linea verticale alta con due rami corti allineati alla sommità della verticale che formano un picco a destra, una seconda coppia di rami corti forma un secondo picco a destra, immediatamente sotto il primo; assomiglia a una B latina.

- Lettera equivalente/suono: B

- Dio: Idun

- Albero: betulla

- Erba: manto di donna

- Pietra preziosa: pietra di luna

- Associazioni di colori: verde scuro, blu

- Posizione in Futhark: 18

- Posizione in aett: 3:2

Ehwaz

- Significato: cavallo; fiducia

- Questa runa rappresenta il legame tra un cavallo e un cavaliere. Rappresenta il progresso attraverso le partnership e la fiducia, il lavoro di squadra, la cooperazione, il matrimonio e la sessualità.

- Descrizione: due alte linee verticali parallele con un breve ramo che scende a destra dalla cima della verticale di sinistra, collegandosi a un secondo breve ramo che prosegue verso destra collegandosi alla cima della linea verticale più a destra; assomiglia a una M latina.

- Lettera equivalente/suono: E

- Dio: Frey o Odino

- Albero: frassino

- Erba: artemisia

- Gemma: Scintillio d'Islanda

- Associazioni di colori: bianco, verde, rosso

- Posizione in Futhark: 19

- Posizione in aett: 3:3

Mannaz/Man

- Significato: umanità; cooperazione

- Questa runa simboleggia sia l'umanità che l'individuo. Rappresenta la preparazione mentale e l'accettazione della condizione umana. Ha un significato spirituale personale e umanista di massa (persone in generale).

- Descrizione: due alte linee verticali parallele con due rami corti che formano una X e che collegano la metà superiore delle linee verticali; assomiglia a due P latine speculari.

- Lettera equivalente/suono: M

- Albero: agrifoglio

- Erba: robbia

- Pietra preziosa: granato

- Associazioni di colori: rosso, argento

- Posizione in Futhark: 20

- Posizione in aett: 3:4

Lagu

- Significato: lago; acqua

- Questa runa rappresenta l'acqua come fonte di significati profondi e di intuizioni. Rappresenta il subconscio, l'immaginazione, i segni e i poteri psichici. Rappresenta l'energia vitale come fonte di vita ed è un simbolo di fertilità.

- Descrizione: linea verticale alta con un ramo corto allineato alla parte superiore della verticale che scende verso destra; assomiglia a una R(r) minuscola latina.

- Lettera equivalente/suono: L

- Dio: Njord

- Albero: salice

- Erba: porro

- Pietra preziosa: perla

- Associazioni di colori: verde, nero

- Posizione in Futhark: 21

- Posizione in aett: 3:5

Ing

- Significato: Ing; fertilità

- Il dio Frey era conosciuto dai danesi con il nome di eroe Ing. Ing era noto per la sua abilità sessuale. Questa runa rappresenta l'energia sessuale maschile e l'energia immagazzinata. È collegata alla scintilla creativa, all'energia e alla gestazione.

- Descrizione: quattro rami corti si congiungono a ciascuna estremità formando un parallelogramma, una forma a diamante; una variante di questa runa appare come due X impilate è stata adattata dal Futhark anglosassone; assomiglia a una O latina appuntita.

- Lettera equivalente/suono: Ng

- Dio: Ing/Frey

- Albero: mela

- Erba: genziana

- Pietra preziosa: ambra

- Associazioni di colori: giallo, marrone

- Posizione in Futhark: 22

- Posizione in aett: 3:6

Daeg

- Significato: giorno; speranza, illuminazione

- Daeg rappresenta la sicurezza che si trova nella luce, in contrapposizione all'incertezza dell'oscurità. È collegato alla coscienza e all'illuminazione, al risveglio mistico e al concetto più banale che l'alba tornerà.

- Descrizione: due alte linee verticali parallele con due lunghi rami che formano una X, che collegano la parte superiore della linea verticale sinistra alla parte inferiore della linea verticale destra e la parte inferiore della verticale sinistra alla parte superiore della verticale destra; assomiglia a due D latine speculari.

- Lettera equivalente/suono: D

- Albero: abete rosso

- Erba: salvia sclarea

- Pietra preziosa: diamante

- Associazioni di colori: blu, giallo

- Posizione in Futhark: 23

- Posizione in aett: 3:7

Odhal

- Significato: casa; proprietà ereditata

- Questa runa rappresenta il potere e l'eredità ancestrale. Ha legami con la casa e la domesticità. È l'incarnazione di "la casa è dove c'è il cuore".

- Descrizione: quattro rami corti formano un parallelogramma, a forma di diamante, due rami corti formano delle "gambe" che scendono e si allontanano a sinistra e a destra dal punto più basso della forma a diamante; assomiglia a una X latina con il tetto a punta.

- Lettera equivalente/suono: O

- Albero: biancospino

- Erba: trifoglio

- Pietra preziosa: rubino

- Associazioni di colori: giallo scuro, marrone

- Posizione in Futhark: 24

- Posizione in aett: 3:8

Le rune assumono un significato aggiuntivo quando appaiono capovolte, o quando si trovano prima o dopo un'altra runa. Nei prossimi capitoli esploreremo questi significati aggiuntivi delle rune quando vengono utilizzate nel lancio e nella divinazione.

CAPITOLO 6: LA MAGIA DELLE RUNE

Lanciare o creare incantesimi e amuleti con le rune è un tentativo di attingere alla magia delle Norne e di avere un impatto sul proprio destino. Si tratta di pratiche diverse dalla divinazione, dove le rune forniscono risposte a domande che possono aiutare a capire e conoscere il proprio destino.

Prima di creare un talismano o un incantesimo runico, prendetevi il tempo necessario per imparare e familiarizzare con le rune. Memorizzate i loro nomi e significati. Create immagini delle rune nella vostra mente e respirate i loro nomi. Quando si leggono e si scrivono le rune, è importante capirne il significato. Ricordate che i maestri di rune dovevano essere ben preparati nell'arte e nella comprensione delle rune per evitare di causare involontariamente danni. Procedete con cautela, soprattutto se siete nuovi alle religioni pagane o se siete nuovi praticanti di divinazione. C'è un motivo per cui le rune sono arrivate fino all'era moderna, e non è dovuto al loro aspetto di linguaggio scritto. Siate consapevoli di queste energie.

Amuleti

Il modo più semplice per praticare la magia runica è un amuleto. Gli amuleti possono essere destinati alla persona o ad aree più ampie, come il luogo in cui si sceglie di praticare il lancio delle rune, un altare, uno spazio di lavoro o la propria casa. Gli amuleti personali sono tradizionalmente dei gioielli con una runa guida. Questa pratica non è diversa da quella dei guerrieri germanici che inscrivono Tiwaz nelle loro spade. Non davano alla spada il nome di Tyr, ma ne invocavano le energie per ottenere forza e onore sul campo di battaglia. Instillare l'intenzione della runa in un gioiello trasferisce queste energie a voi mentre indossate l'amuleto.

Nel corso della vostra pratica di familiarizzazione con il Futhark degli Anziani, potreste scoprire che alcune rune vi appaiono più spesso di altre. Il significato di queste rune risuona con voi a un livello personale che le altre rune non toccano. Riflettete sulla vostra comprensione di queste rune. Potrebbero essere i vostri primi amuleti.

Potreste scoprire che amuleti diversi devono essere indossati in momenti diversi. Può darsi che abbiate bisogno dell'energia di una runa specifica in determinati momenti. Potreste scoprire che indossare Ur vi aiuterà a superare una prova fisica, come correre una maratona, o che Ing vi calmerà durante un periodo di attesa stressante; se siete viaggiatori nervosi forse avete bisogno di Raidho.

Gli amuleti possono essere ciondoli da portare al collo, ciondoli su bracciali e anelli. Non tutti si sentono a proprio agio nell'indossare gioielli o nel mostrare simboli nei propri gioielli. Gli amuleti non devono essere indossati, ma possono essere portati con sé. I ciondoli attaccati a un portachiavi, o portare in tasca una pietra runica o un pentagramma sono un modo per tenere l'amuleto vicino.

Gli amuleti non devono essere necessariamente piccoli. Per gli spazi più ampi, invece, si possono abbinare appendimenti da parete che combinano pezzi più grandi con rune e tessuti regionali, oppure arazzi dipinti.

Se siete appassionati di arti e mestieri, potete creare i vostri amuleti. Seguite le stesse istruzioni per creare un set di rune con dischi di legno, ma praticate un foro al centro del disco di legno e aggiungete un anello di sospensione per trasformare un bastone di rune in un ciondolo. Per trasformare una pietra runica di vetro in un amuleto, incollate il ciottolo di vetro in una cornice con castone e cauzione. Se decidete di realizzare le vostre rune, seguite le stesse procedure di pulizia e preparazione descritte nel capitolo sulla realizzazione delle rune. Ricordate di offrire qualcosa ai poteri delle rune in cambio della loro saggezza.

Pulite qualsiasi gioiello o amuleto runico che acquistate. Pulitelo dalle energie del creatore prima di esporlo nel vostro spazio. Volete che la vostra runa risuoni con la vostra energia e non con quella dell'artista quando ha creato il vostro nuovo amuleto. Lo stesso vale se acquistate un amuleto per qualcuno. Questi potrebbe non essere esperto nella pulizia delle energie e non essere consapevole di poterne subire l'impatto. Una buona norma è quella di pulire sempre i doni di energia magica e di toccare l'oggetto il meno possibile.

Legare le rune

Le rune bind sono proprio quello che sembrano, la legatura delle rune: combinare due o più rune per ottenere un talismano ricco di potere. Le rune bind esistono da quando sono apparse le pietre runiche. La maggior parte dei primi esempi di rune di legame sembravano essere nomi, non diversamente dal logo Bluetooth. Questo logo è un esempio di runa bind impilata che utilizza le rune del Futhark Giovane per creare un nuovo simbolo per il nome Bluetooth: ciò è stato fatto intenzionalmente, poiché la tecnologia Bluetooth prende il nome da Harald Bluetooth ed è stata ispirata dalla capacità di comunicare a distanza che le pietre runiche fornivano durante l'epoca vichinga.

Le rune impilate sono una combinazione e una stratificazione di rune che occupano lo stesso spazio e creano una nuova forma. Combinando e ridisegnando la forma in questo modo, l'energia e l'intenzione delle rune si uniscono, a differenza di quanto avviene nelle letture, dove l'ordine e la posizione di una determinata runa influenzano le interpretazioni delle altre.

La stratificazione di Lagu su Isa crea una runa di legame per la buona salute. Cavalcata e necessità si uniscono quando Raiho e Naudhiz formano una runa per viaggi sicuri. La gioia di Wunjo e il dono di Gebo si uniscono per creare una runa d'amore legata. Esistono molti esempi di rune legate già create. Molti incorporano le rune in un modo un po' meno semplice che posizionarne una sopra l'altra. La combinazione di Ansur e Gebo crea un simbolo di buona fortuna. La verticale alta di Ansur si inclina verso destra e diventa una delle traverse della X di Gebo. Una rapida ricerca su Internet vi fornirà molti esempi. Riflettendo sulle proprie esigenze e sul significato delle rune, è possibile combinare le proprie.

Le rune di legatura della stessa doga si basano sulla stessa linea verticale centrale alta. Le rune sono impilate l'una sull'altra e, ove possibile, le linee si sovrappongono/combinano in una nuova forma. Un esempio di runa della stessa stele si trova sulla Pietra di Kylver, alla fine del Futhark. Questa runa è una combinazione di diverse rune Tiwaz e Ansur combinate per formare una runa di protezione.

Pensate alle proprietà che volete combinare nella vostra runa di legame. Se avete bisogno di più di due rune, forse è meglio costruire la forma con una runa di vincolo della stessa doga o una runa di vincolo radiale.

Le rune a legatura radiale creano un disegno in cui le linee verticali di un insieme di rune si estendono fino a formare una giunzione centrale; le rune si irradiano da un unico punto (non diversamente dai raggi di una ruota). Questa forma di rune ha un aspetto simile a quello dei pentagrammi islandesi, sigilli orientati centralmente. I pentagrammi islandesi non sono forme di rune tradizionali, in quanto hanno iniziato a comparire nella documentazione storica solo molto dopo l'epoca vichinga. Anche se non sono una forma runica tradizionale, queste rune radiali sono entrate nella pratica contemporanea. Se la vostra intuizione vi guida verso le forme radiali, seguite la guida delle rune.

Come in tutte le pratiche runiche, quando progettate le vostre rune di vincolo, siate presenti nel vostro lavoro. Concentratevi sull'intento della vostra runa di vincolo quando scegliete quali rune incorporare. Quando si creano le rune per imbrigliare le energie combinate, bisogna ascoltare l'intuito e le "sensazioni di pancia". Se le energie di una runa di legame non si sentono bene, qualcosa sta cercando di avvertirvi che la combinazione non funziona. Distruggete la runa che avete creato, riflettete sul risultato che desiderate e riprovate.

Incantesimi

A differenza del richiamo protettivo o energetico di una runa vincolata, le scritture runiche sono messaggi alle Norne e alle energie guida delle direzioni della nostra vita. La scrittura fissa un concetto in essere. Esiste ora su una superficie (sia essa carta o pietra). Sebbene scrivere qualcosa non lo renda reale, serve sicuramente come intenzione affinché quell'idea sia reale nell'universo.

Le rune erano uno strumento del destino, poiché le Norne le usavano per dirigere le vite di coloro che si trovavano nei Nove Regni, oltre che per dirigere la salute e il benessere di Yggdrasil. Combinando le intenzioni della scrittura e le forze direttive del destino insite nelle rune, si crea una scrittura che annuncia ai poteri del destino e alle energie dell'universo un cambiamento o un risultato desiderato.

Come lanciare le proprie intenzioni, scrivere le rune crea più di un semplice desiderio. Diventano direttive per il flusso e il riflusso delle energie che vi circondano. Il vostro percorso di vita, il vostro destino, non è una linea lineare costante che si muove in una direzione univoca, ci sono svolte e cambiamenti. Con il lancio delle rune, potete far sapere alle forze di controllo quali sono le svolte che desiderate percorrere.

Questi copioni devono essere sempre lanciati con intenzioni positive, per evitare che il destino sia crudele e si ripieghi su di voi con intenzioni negative. Queste scritture dovrebbero essere temporanee e non letteralmente scolpite nella pietra. Poiché si tratta di messaggi scritti, è importante comprendere il significato delle rune che si utilizzano e il loro impatto reciproco quando vengono usate insieme.

Notate come il tema della conoscenza delle rune e della comprensione del loro significato ricorra sempre quando si tratta di usarle? Dedicate un po' di tempo alla ricerca, alla lettura e alla meditazione sulle intenzioni e sui significati delle rune prima di utilizzare le loro energie per la divinazione e la magia.

I piccoli incantesimi sono costituiti da un insieme di rune, non diversamente da come si leggono i significati nella divinazione. Non si tratta di una ricetta o di una prosa composta utilizzando le rune come forme di lettere. Non state scrivendo parole usando le rune come alfabeto sostitutivo. Si stanno combinando concetti e significati, non diversamente da una runa di legatura. Solo che, invece di combinare le forme per un nuovo disegno, lo si sta sillabando (in senso letterale e figurato).

I materiali naturali transitori sono i migliori per le sceneggiature. Combinano le proprietà dell'essere nel qui e ora, ma non sono permanenti, proprio come le energie che state attirando. Come per le doghe/pietre runiche, più i materiali sono vicini alla natura e all'Albero del Mondo, più potenti sono le loro energie: foglie, corteccia, carta.

Dopo aver riflettuto sullo scopo della vostra scrittura runica, stabilite quale sia la raccolta di rune più adatta al vostro scopo. Raccogliete i materiali e componete la vostra scrittura. Dipingete o scrivete il vostro testo. Non esistono formule predefinite, poiché ogni incantesimo è specifico e personale.

Tenete con voi il vostro script per alcuni giorni. Potreste sentire il bisogno di caricare il vostro copione in un ciclo completo del sole prima di portarlo con voi. Dopo qualche giorno, rilasciate il copione all'universo bruciandolo. Respirate i nomi delle rune e lasciateli andare.

I copioni possono essere composti per molti scopi, come attirare il successo per un colloquio di lavoro o l'amore. Non esistono incantesimi universali per il successo o l'amore. Le energie che si possiedono e quelle che si cercano variano da persona a persona e da aspettativa a aspettativa.

Per esempio, per attrarre un amore femminile (che sia quello di una donna o l'aspetto nutritivo dell'energia femminile) si può prendere in considerazione Wunjo per la felicità, Gebo per il dono di un altro, Eoh per la collaborazione e Feoh per aumentare la potenza delle rune precedenti portando anche l'energia femminile. Per un incantesimo simile ma che richiede energia maschile o un uomo: Wunjo, Gebo, Ur, Eoh. Ponendo Eoh dopo Ur si lega l'energia maschile grezza alla partnership.

CAPITOLO 7: DIVINAZIONE E LETTURA DELLE RUNE

La divinazione è la ricerca di un significato da fonti mistiche. Leggere le rune è un tentativo di ottenere questa conoscenza dalle stesse fonti che hanno alimentato l'Albero del Mondo e il Pozzo di Wyrd - la fonte delle rune originali. Cercare la conoscenza dalle rune significa chiedere alla fonte dell'universo. La divinazione con le rune riguarda più l'illuminazione e la guida che la previsione del futuro.

Capire le rune

Quando si usano le rune per la magia e il lavoro energetico, non si leggono in modo lineare. Sebbene possano servire come una forma di alfabeto, in cui ogni forma rappresenta un suono o una parte del linguaggio, non è questo il caso per questo scopo.

Non solo è necessario comprendere il significato di base delle singole rune, ma anche il loro posizionamento in relazione l'una all'altra.

Quando si estraggono le rune per una lettura o si lanciano, la posizione, alla fine, deve essere presa in considerazione nell'interpretazione complessiva. I set di rune dovrebbero essere realizzati su un solo lato, in modo da creare una sola direzione per il simbolo. Una runa a faccia in giù ha l'esatto significato di una runa a faccia in su. È sufficiente capovolgere la runa in modo che sia a faccia in su. Quando si capovolge, sollevare il pezzo da sinistra a destra (o da destra a sinistra), non capovolgere dall'alto in basso (o dal basso in alto). Questo invertirà, o causerà un merkstave, e cambierà completamente il significato della lettura.

Quando una runa appare con un orientamento capovolto, si chiama merkstave e indica un'inversione o una controdefinizione del significato iniziale. La merkstave non ha necessariamente una connotazione negativa. Per la runa Spina, la merkstave può indicare l'abbattimento delle barriere, che può essere un'interpretazione positiva. Otto rune non hanno una posizione merkstave.

Se una runa appare di lato, rivolta verso l'alto (ad esempio, Beorc con il dorso della forma piatto e le due punte in posizione verticale), è sufficiente ruotarla nella sua normale posizione di lettura a destra. Se invece il simbolo della runa è orientato lateralmente e rivolto frontalmente verso il basso (ad esempio Beorc con il dorso della forma piatto e le due punte in posizione discendente), è necessario ruotare la runa nella sua posizione di merkstave. È più probabile che questo avvenga quando si lanciano le rune o se il set di rune è composto da forme simmetriche senza un ovvio orientamento verticale.

Interpretazioni

L'interpretazione di **Feoh** della ricchezza può indicare l'abbondanza delle rune precedenti in una disposizione. Nella posizione merkstave, può essere interpretata come una perdita.

Ur porta virilità e il suo ordine di collocazione può aggiungere forza alla runa precedente. In merkstave può essere interpretata come testardaggine sbagliata o salute negativa.

La spina indica difesa e porta forza nella comprensione delle rune precedenti. In merkstave può indicare la rottura di barriere o un tradimento.

Ansur è la comunicazione. In una posizione che segue altre rune, porta a una chiarezza di comprensione delle rune precedenti. In merkstave indica comunicazioni errate e manipolazioni.

Raidho rappresenta il viaggio. Seguendo altre rune, può significare l'ingresso di queste energie. In merkstave indica un'interruzione.

Kenaz è la conoscenza. Se collocata dopo altre rune, può indicare la necessità di reinterpretare quelle rune da una prospettiva diversa, quindi guardate con occhio creativo. In merkstave indica una mancanza di riflessione o una perdita di intuizione.

Gebo è un dono. Seguendo altre rune, può indicare l'abbondanza di tali energie. Non ha una posizione di merkstave.

Wunjo è la gioia, porta un'interpretazione positiva e felice quando viene posizionata dopo altre rune. In merkstave è tristezza.

Hagalaz rappresenta un'interruzione. È una forza di cambiamento, indipendentemente dal suo posizionamento.

Naudhiz rappresenta i bisogni. Se collocata dopo altre rune, può indicare la necessità di riflettere su come le energie e gli attributi delle rune precedenti siano desiderabili. Non ha una posizione merkstave.

Isa indica immobilità, una pausa. Quando viene posizionata accanto ad altre rune, le tiene in posizione. Isa non ha una posizione di merkstave.

Gera è una runa che parla di tempismo. La sua influenza sulle rune precedenti riguarda la tempistica e la sequenza, indicando l'attenzione all'ordine di azione. Gera non ha una posizione di merkstave.

Eoh è la connessione con la spiritualità. Se posta dopo altre rune, può indicare la ricomparsa di quelle energie. Anche se tecnicamente non ha una posizione merkstave, può avere significati distruttivi negativi.

Peorth è la runa della fortuna. La sua comparsa dopo altre rune può indicare la possibilità di rischiare su ciò che esse presentano. Nel merkstave, può indicare gli aspetti negativi del gioco d'azzardo, la dipendenza, la mancanza di pianificazione e l'illusione.

Eolh è una forte runa di protezione. Se posta accanto ad altre rune, può aumentare la potenza delle loro energie. Nel merkstave, può rappresentare una perdita di connettività spirituale, un pericolo nascosto e la vulnerabilità.

Sowilo è una runa che indica gioia e buona salute. Non ha una posizione merkstave.

Tiwaz porta onore. Aggiunge forza alle rune dopo le quali viene collocato. In merkstave, può rappresentare l'analisi-paralisi e il fallimento dell'azione.

Beorc è la runa della nascita. Apporta una forte energia femminile di nutrimento alle rune a cui è affiancata. Nella merkstave può rappresentare la perdita, così come le relazioni e i problemi di fertilità.

Ehwaz è partnership e fiducia. Combina le rune a cui si affianca, in modo che le loro energie lavorino in tandem. In merkstave, indica sfiducia e tradimento.

Mannaz è la runa dell'umanità. Quando si trova in una posizione successiva alle altre rune, la sua influenza riguarda la cooperazione tra e con le altre rune. Quando si trova in posizione merkstave, rappresenta un pregiudizio negativo nei confronti degli altri, l'arroganza e la delusione.

Il Lagu è legato all'acqua e al flusso e riflusso delle correnti naturali. Quando è posizionata dopo un'altra runa, fornisce un'influenza di guida. Quando appare con l'orientamento merkstave, indica manipolazione e scarsa capacità di giudizio.

Ing può essere un'energia improvvisa e potente, un "botto". In combinazione con altre rune, può indicare un aspetto drammatico e un uso creativo dell'energia di quella runa. Non esiste una posizione merkstave per questa runa.

Daeg porta speranza. Se usato insieme ad altre rune, incorpora un elemento di certezza ai loro significati. Non c'è orientamento merkstave.

Odhal è la runa dell'eredità. Può portare un significato di permanenza quando è collocata con altre rune. In merkstave, rappresenta la perdita delle libertà.

Quando leggete le rune, ricordate che la loro posizione aett porta anche alla loro interpretazione. L'aett di Freya indica i concetti di ciclo di vita, gli inizi, le unioni e le fine. L'aett di Hagal riguarda le forze esterne, le cose che sfuggono al nostro controllo, mentre le rune nell'aett di Tyr riguardano le forze interne, le cose su cui abbiamo un controllo personale.

Leggere le rune

Il vostro intuito e la vostra comprensione delle rune vi guideranno verso l'interpretazione più corretta per quel momento. Quando conducete una lettura, potete stendere davanti a voi un panno dedicato alle letture. Non fate domande del tipo "sì/no". Le rune non sono un otto magico e non daranno risposte certe. Non vi diranno di dipingere una stanza di rosso invece che di giallo, ma potrebbero incoraggiarvi ad andare a scuola per studiare legge o medicina, per esempio. Chiedete una guida per le situazioni, le preoccupazioni e i problemi che state vivendo.

Probabilmente la lettura delle rune più semplice da fare è l'estrazione di una singola pietra. Le domande semplici funzionano bene con la lettura di una singola pietra. Tenete il sacchetto di rune allentato nella vostra mano. Concentrate nelle rune le intenzioni e le energie che vi interessano. Dopo alcuni respiri tranquillizzanti, avvicinatevi e tirate una singola runa. Mettete la runa di fronte a voi. Concentratevi su questa runa e sul suo significato. Che relazione ha con la vostra domanda? Quali sono le forze aett dietro la runa? Restringete la concentrazione e prestate attenzione alla vostra intuizione.

Se state leggendo per qualcun altro, fategli tenere il sacchetto. La runa sarà posizionata di fronte a loro. L'orientamento della runa per loro è il modo in cui leggerla. (Se siete seduti di fronte a loro, la runa apparirà con l'orientamento merkstave per voi.

Ricordate di leggerla come appare a loro). Dovrete conoscere la loro domanda per comprendere correttamente l'interpretazione della runa che vi viene proposta. Chiedervi di fare una lettura alla cieca senza capire la natura della loro domanda è un gioco, e il massimo che potete fare è dare loro una definizione della runa. Spetterà a loro interpretarne il significato. Ma per ottenere una vera guida dalla runa, dovete essere in grado di interpretare i significati più grandi che ogni runa racchiude. L'altra persona non deve condividere ciò che chiede alle rune se non dopo che la sua selezione è stata rivelata.

Layout di lettura

Le disposizioni che seguono le forme della runa attireranno l'energia schiacciante di quella runa. Disporre le rune in una forma generale di Tiwaz attirerà l'energia dell'onore e del fare la cosa giusta in conflitto con Tyr. In questo modo, la lettura può essere orientata verso il sacrificio di sé per il bene della situazione che si sta leggendo. Peorth può essere vista come la runa del destino, ma poiché è anche la runa del mistero e del gioco d'azzardo, può portare un aspetto di caos nella lettura.

I layout con il numero tre come base sfruttano l'energia delle rune più forte. Il Pozzo di Wyrd era la fonte divina di conoscenza che Odino fissò per nove giorni. Ci sono tre Norne. Ci sono nove regni.

Le rune per queste letture possono essere gettate in un piccolo mucchio e selezionate a caso guardando in alto o lontano dalle rune. Oppure possono essere estratte direttamente dalla borsa.

Esistono due letture distinte a tre rune. Come indica il nome, si tratta di tre rune. La prima disposizione crea una colonna dall'alto verso il basso. La posizione superiore/prima della prima runa rappresenta il *qui* e *ora*. La seconda runa è posizionata sotto la prima. La posizione della seconda runa rappresenta il *cammino* che si sta percorrendo. La posizione della terza runa alla base della colonna rappresenta la *meta/futuro*.

La seconda disposizione delle tre rune è da destra a sinistra. La prima runa rappresenta una *visione d'insieme* della situazione. La seconda runa, posta a sinistra, rappresenta una *sfida* o un *problema*. La terza runa è posizionata a sinistra della seconda (ora centrale). Questa runa rappresenta il *corso dell'azione* e il modo in cui interagisce con le rune precedenti fornisce indicazioni sul messaggio generale delle altre rune.

Una semplice lettura a sei rune riprende la disposizione della prima disposizione a tre rune menzionata sopra, ma le rune vengono lette a coppie. Le prime due rune sono poste una accanto all'altra nella posizione superiore *qui/ora*. La seconda coppia è collocata nella posizione del *sentiero*. E le ultime due nella posizione inferiore della *meta/futuro*. La combinazione delle coppie fornisce un ulteriore livello di informazioni da interpretare.

Un'altra variante di questa disposizione è uno schema a nove rune. Scegliete tre rune alla volta, per le tre posizioni di *qui/ora*, *cammino* e *meta/futuro*. Nei raggruppamenti a tre, ogni runa ha un impatto sulle altre del suo gruppo. Questa variante consente un'interpretazione più approfondita delle energie guida delle rune.

A volte chiamata croce di Odino, questa semplice lettura della croce utilizza cinque rune. Inizia con una singola runa che diventerà il punto centrale della croce. Questa prima runa rappresenta il *presente*. La seconda runa è posizionata a sinistra, nella posizione del *passato*. La terza runa è posta a destra della runa *presente*, in posizione *futura*. La quarta runa da posizionare va sotto la runa *centrale/presente*. In questa posizione, indica un *ostacolo* a ciò che si sta interrogando. L'ultima runa viene posta sopra la runa *centrale/presente*, in posizione di *aiuto*.

La diffusione del Martello di Thor è una disposizione a nove rune. Le nove posizioni di questa disposizione rivelano verità personali. La prima runa è posta alla base della configurazione e rappresenta il volto che mostrate al mondo. La seconda runa è posta una fila sopra e a sinistra. Questa rivela le vostre paure interiori. La terza runa, posta sulla seconda fila e a destra del centro, è ciò che state cercando. La quarta runa è posta un'altra fila più in alto rispetto alle rune due e tre, ma è direttamente allineata con la prima. Fornirà la guida per l'approccio a questa lettura. La quinta runa è posta direttamente sopra la quarta. Fornisce indicazioni su ciò che si spera di diventare. Le posizioni dalla quinta alla nona runa creano un disegno a croce, con le posizioni sette e nove allineate alle rune uno, quattro e cinque.

La sesta runa, una fila sopra e a sinistra del centro, si occupa delle forze che ostacolano il vostro progresso. La settima runa è posta al centro della stessa fila e riguarda il vostro destino. La runa otto è posizionata a destra della settima e riguarda ciò che dovete imparare per trovare il vostro vero sé. La nona e ultima runa è posizionata in alto e al centro. Si tratta del vostro vero sé. Come si può vedere dai significati delle nove posizioni, questa diffusione scava in profondità nel sé e nella psiche.

I layout possono anche seguire quelli utilizzati per le letture tradizionali dei Tarocchi. Le interpretazioni delle rune per le diverse stesure saranno più complesse a seconda della complessità del layout.

Il lancio delle rune lascia la lettura aperta a un'interpretazione molto più personale. A differenza di una disposizione guidata, in cui ogni posizione ha un significato, l'atterraggio libero delle rune è aperto a ciò che vi dice l'intuizione. La vostra interpretazione potrebbe indicarvi che le rune che atterrano a faccia in giù non vogliono essere incluse nella lettura.

Prestare attenzione alle rune che atterrano in posizione merkstave e a quelle che non sono del tutto merkstave o non sono del tutto verticali. Notate quali rune si toccano o si raggruppano. Non c'è un ordine di lettura delle rune, quindi dovrete stabilirlo voi stessi.

Quando si effettuano letture per altri, le rune devono sintonizzarsi con le loro energie. Assicuratevi di pulire regolarmente le rune tra una lettura e l'altra, se possibile. Non volete che una persona lasci un residuo di energia schiacciante che potrebbe influenzare tutte le letture successive. L'energia dominante del vostro set di rune dovrebbe provenire da voi. Man mano che vi sentirete più a vostro agio nell'uso delle rune e nella gestione dei vostri set di rune personali, sarete in grado di percepire quando le vostre rune hanno un'impronta o un residuo di un'altra fonte di energia.

PAROLE FINALI

Grazie per essere arrivati alla fine di questo libro. Spero che vi sia piaciuto apprendere le nozioni di base sulle rune, la loro lunga storia e il modo in cui possono essere utilizzate per una varietà di scopi.

Se volete saperne di più e addentrarvi nel mondo delle rune e della mitologia norrena, le traduzioni dell'*Edda poetica* e degli antichi poemi runici sono disponibili online da diverse fonti. Tenete presente che le versioni disponibili online sono traduzioni di traduzioni e che gli scritti originali sono stati molto probabilmente realizzati da monaci. Quindi, mentre il poema originale - la versione precristiana, di tradizione orale - non avrebbe i riferimenti cristiani, le traduzioni potrebbero averli.

Quando imparate a conoscere e a lavorare con qualsiasi tradizione religiosa/magica, ricordate di farlo in modo rispettoso. Le rune appartengono agli dei dell'Antico Mondo, le cui pratiche e tradizioni sono cambiate nel corso dei secoli, quindi tenete presente ciò che sappiamo sulle loro intenzioni e sul loro contesto originario. Continuando a conoscere le rune, acquisirete la vostra saggezza sul loro significato.